MEINE

FAMILIE

UND

„ICH"

Eine tierische Biographie

Von
Alexandra Thum-Rüggebrecht

Herstellung und Verlag:
Books on Demand GmbH, Norderstedt
ISBN 978-3-8391-0138-4

Ich widme dieses Buch
meinen Eltern,

die immer für mich da sind
und auch darin bestärkt
haben, dieses Buch zu
veröffentlichen.
Vielen Dank,
Eure Sandi

Wie schon auf der Titelseite angekündigt, ist dies die Biographie eines schrecklich netten und handzahmen Stubentigers auf Samtpfoten (Samtpfötchen kann man leider nicht mehr sagen, bei einem Vieh so groß und rund wie ein sibirischer Bärenreißer)!!!

Vorwort

Warum schreibt ein Kater seine Memoiren?
Diese Frage werden sich einige von meinen
nach Katzen verrückten Lesern stellen.
Die Antwort ist ganz einfach! Ich bin zwar
nicht so berühmt wie bestimmte Leute;
ich spreche da von einem
Dieter B., Oliver K. oder Boris B.,
aber mein Leben ist sicherlich genauso
aufregend und es wert, die ganze Welt daran
teilhaben zu lassen.
Und eines kann ich Euch versprechen, Ihr
werdet begeistert sein.
Von was – von *„ICH“* natürlich!
Sollte mein Leben dennoch nicht so jet-set-
mäßig sein wie das eines prominenten
Kopfes, dann ist es bestimmt viel lustiger,
ruhiger und vor allem verfressener.

Und jetzt wünsche ich all meinen Lesern und
Leserinnen einen Heidenspaß.

Wer zum Teufel
ist „Ich"???

Damit Ihr überhaupt wisst, wer Euch hier ein Ohr abquatschen will, stelle ich mich erst einmal vor. Mein werter Name ist „Findus". Blöder Name werden sich jetzt einige von Euch denken, aber dieser Name hat schon seinen Sinn. Ursprünglich hatte meine Familie nämlich ein kleines Kätzchen `gefunden´, das dann aber leider gestorben ist und somit sollte ich mit diesem Namen seine Nachfolge antreten. Zudem kommt noch, dass ich so aussehe wie der Kater von Pettersson, nur in grau-braun getigert. Eine echte „Wildkatze" eben!

Meine Familie ist aber zwischenzeitlich der Meinung, sie hätten mich doch lieber `Garfield´ nennen sollen, nicht unbedingt wegen meiner Vorliebe für Lasagne, obwohl ich diese auch nicht unbedingt vom Tisch schubse, sondern wegen meines ach so athletischen Körperbaus. Ich kann mir nämlich auf meine Modelmaße 8 – 60 – 100 ganz schön was einbilden – neiiin...ich bin gar nicht wenig überzeugt von meinem Body. 8kg für mein Fliegengewicht, 60cm für meine Körpergröße im Stehen und 100cm für meine Länge, wenn ich auf dem Rücken liege, alle fünf von mir strecke und mir die Sonne auf den Bauch scheinen lasse.

Boah – ist das ein Leben - essen - schlafen - essen - schlafen. Es muss doch noch etwas anderes geben.....hoffentlich niiiicht!!!

Ihr könnt Euch nicht vorstellen, wie anstrengend das ist. Eins ist auf jeden Fall sicher, ich kippe jeden Abend halb tot ins Bett und habe auch überhaupt kein schlechtes Gewissen deswegen. Oder sollte ich etwa doch??? Neee.....nicht wirklich!!!

So, das jetzt erst mal eine kleine Einführung, damit Ihr wenigstens wisst, mit wem Ihr es hier eigentlich zu tun habt!

Wer schläft, sündigt nicht!!!

Wie kommt man nur an solch eine chaotische Familie???

Geboren wurde ich von meiner Mama im Juni 2002 zusammen mit 4 Geschwistern. Jedes von uns hatte eine andere Farbe und wir waren 4 total unterschiedliche Charaktere.

Am Anfang war auch alles noch in Ordnung, bis sich unsere damalige ' Besitzerin entschloss, uns zu verkaufen. Damit begann das „Unglück" (erst später habe ich gemerkt, dass dies größtes Glück war).

Eines Tages meldete sich die neue Familie an, um uns zu begutachten. Mit diesem Besuch sollte sich mein bis dato ruhiges Leben grundlegend ändern.

Als die Tür aufging, traute ich meinen Augen kaum. Zwei Erwachsene – alles o.k. – aber dahinter kamen noch drei kleine halslose Monster - zwei Jungs und ein Mädchen – ach du guter Gott. Hoffentlich würden die sich für eines meiner über die Maßen geliebtes Geschwisterchen entscheiden. Z. B. die Weiße mit den braunen Flecken, das ist sowieso eine Zicke. Der Mann war auch schon ganz verliebt in diese, aber unsere Besitzerin meinte, sie hätte genau diese schon jemand anderem versprochen. Mist! Genauso wie die anderen beiden. Blieb also nur noch mein Bruder, doch den wollte sie gar nicht weggeben, weil er total verwurmt war und erst wieder aufgepäppelt werden musste - hatte der ein Glück.

Und dann kam der entscheidende Satz, der die Auswahl der neuen „Peiniger" (so dachte ich) sehr erleichtern sollte. Meine Besitzerin meinte: „Sie haben drei Kinder? Dann nehmen Sie doch diesen da, der ist sehr robust!" Sie zeigte auf mich – miiiiich – jetzt war es endgültig vorbei mit dem ruhigen Leben, ich könnte mir jetzt eigentlich die Kugel (die goldene Kugel von R.) geben, dann hätte das Grauen wenigstens gleich ein Ende.

Aber es sollte alles anders kommen als ich befürchtete.....

abwarten und Tee trinken bzw.
Wasser saufen, war jetzt
angesagt!!!

Im neuen Heim angekommen!!!

Ich hasse Auto fahren! So ein Schei…benkleister. Das war das erste und gleichzeitig das letzte Mal, dass Ihr mich in diese poplige Schlaglochsuchmaschine setzt, das geb´ ich Euch schriftlich. Ihr könnt mich doch nicht zu etwas zwingen, was ich überhaupt gar nicht mag. Lasst mich jetzt bloß noch in Ruhe!

Viele Stunden und Durchschüttler später, kamen wir endlich im neuen Zuhause an. Nach einer kurzen Verschnaufpause schaute ich mich erst einmal um. „Gar nicht soooo schlecht!" dachte ich. Dieses tat ich aber ohne eine Miene zu verziehen, denn es sollte ja keiner merken, dass es mir hier gefallen könnte. In dieser Wohnung gab es einen riesigen Balkon, viele schöne Zimmer und Betten, die mir laut meiner neuen Chefs versagt bleiben sollten. Da hatten sie die Rechnung aber ohne mich, denn wie sich bald herausstellen würde, einzig wahren Chef, gemacht.

Die erste Nacht rückte immer näher und ich wurde ins Bad verbannt, damit ich mich langsam an die neue Umgebung gewöhnen würde und auch gleich neben meinem niegelnagelneuen Klo war. Was denken die eigentlich, ich bin doch kein dahergelaufener Babystraßenkater. Ich weiß, was sich gehört, ihr Menschen geht doch auch aufs Klo und nicht hintern Baum! Naja, manchmal vielleicht schon!

Der nächste Tag verlief relativ ruhig, alle ließen mich in Ruhe, außer mal zum streicheln kamen sie mir zu nahe, aber das ließ ich mir ja gerne gefallen, weil es soooo gut tat. Abends jedoch wurde ich dann wieder aus den Schlafzimmern gesperrt. Der Flur und das Bad sollten heute mein Nachtlager sein, aber diese Rechnung hatten sie ohne den Wirt (Kater) gemacht. Hahaha!!!

Als alle schliefen, schlich ich mich auf meinen seidenzarten Samtpfötchen vor das Elternschlafzimmer und machte einen auf arme, kleine, ach so bedauernswerte Babykatze. Ich jammerte herzzerreißend – ich wusste gar nicht, dass ich das so gut konnte – und es wirkte. Drinnen hörte ich den Chef, der immer gegen Katzen und viel schlimmer, gegen Katzen im Bett war, zu seiner Frau sagen: „ Jetzt hol´ doch das

arme, kleine Kätzchen endlich rein ins Bett, die ist bestimmt traurig, weil sie so mutterseelenalleine ohne ihre Geschwister ist!"
Ich hatte es geschafft!

I am the greatest!!!

Der Kuchen war gegessen, von Stund´ an, schlief ich im Bett, und nicht nur bei Chefs, sondern auch bei deren Kindern.
Eigentlich bin ich ja gar nicht wenig eingebildet, aber ich bin einfach der Schönste, Beste und Größte – der schönste Kater, der beste Schauspieler und der größte Betrüger aller Zeiten. Hahahaha!!!

Miauen und andere Töne!!!

Es gibt verschiedene Arten sich als Katze bemerkbar zu machen, eine davon ist das Miauen. Aber genau diese gehört zu meinen größten Schwächen, denn wenn ich meine Stimmbänder in Schwingung bringe, kommt dabei höchstens ein klägliches `määhh´ raus und das hört sich nicht unbedingt nach einem gestandenen Kater an, sondern eher nach einem tollwütigem Lamm. Ich versuche ja immer, meine Stimmbänder zu trainieren, indem ich vor mich hin miaue, aber trotzdem wird meine Stimme nicht gewaltiger und furchteinflößender. Selbst vor dem Spiegel habe ich es schon probiert, doch auch mein Ebenbild ließ mich kalt und nicht zu einem gewaltigen `miauuuuu´ bewegen.

Mittlerweile habe ich es aufgegeben, mich nur auf das Miauen zu beschränken. Ich versuche es mal mit schnurren (hört sich an, als wenn mein Herrchen schnarcht und damit mein Frauchen mal wieder in den Wahnsinn treibt, oder umgekehrt). Dies funktioniert aber nur in Verbindung mit etwas wollen und zwischen den Beinen schleichen. Mit Gurren, wie eine Taube, habe ich es auch schon mal probiert, ist aber nur ein Zeichen des Anmachens (hey, spiel mit mir oder beachte mich jetzt endlich). Für alle anderen Aktivitäten muss ich wohl doch mein klägliches „Miau" einsetzen, das ja hoffentlich mit den Jahren noch deutlich verständlicher werden wird. Ansonsten muss ich wohl damit leben, immer mit einem Lamm, dem man gerade auf den Schwanz getreten hat, verwechselt zu werden. Da fällt mir ein, Lämmer haben keine Schwänze, die lang genug wären, um draufzutreten. Hahahaha!!!

Übrigens:

Auch nach vielen Jahren des Wartens und des Schmierens meiner Stimme mit Milch, wurde aus meinem „määhh" kein wirkliches „miau". Aber sei´s drum, ein richtiger Kerl bin ich trotzdem geworden.

Ich sag immer; lieber `ne kleine Stimme und ein ganzer Kater, als

`ne große Schnauze und nichts dahinter!!!

Meine erste Begegnung mit dem anderen Geschlecht!!!

Eines Tages war es dann soweit! Meine Familie – ich nenne sie von nun an nicht mehr Chefs, da sie mir alle doch sehr ans Herz gewachsen sind – wollte in den Urlaub fahren. Doch oh´ Schreck, wohin mit dem herzallerliebsten Katzenvieh! Da bot sich eine Freundin mit Namen Carmen an, mich in Pflege zu nehmen. Was ich zu diesem Zeitpunkt noch nicht wusste, jene Carmen hatte zwei Kätzinnen, eine schöner als die andere und bestimmt froh, dass sie mal solch einen stattlichen und ein Bild von einem Babykater wie mich, verwöhnen dürften.

Aber weit gefehlt, die beiden Weiber waren alles andere als nett und freundlich. Kaum kam ich in ihr „Gehege", da legten die zwei Raubkatzen so richtig los. Die eine, namens Laura, war scheinbar die Chefin, sie fauchte und machte wie´s Messer. Die andere hieß Lissy und war auch nicht viel besser. Da mir der bevorstehende Zoff im Moment viel zu blöde war, beschloss ich, mich erst einmal zurückzuziehen und den beiden zu einem späteren Zeitpunkt zu stellen.

Gesagt – getan! Nachdem ich ein Stündchen geschlafen und ein Häppchen gespeist hatte, ging ich die Kennenlernaktion nochmals erneut an. Ich hatte mir fest vorgenommen ganz laut zurückzufauchen, wenn eine der Weiber mich blöd anmachen würde. Alsdann tastete ich mich vorsichtig ran und machte auf „Schönwetter". Dies beeindruckte die beiden aber nicht die Bohne. Im Gegenteil, sie fauchten was das Zeug hielt. Ich – nicht feige – hatte ja vor mir nichts mehr gefallen zu lassen, antwortete mit einem für mein Alter angemessenem, kläglichen Fauchen, das ich aus meinem tiefsten Inneren herauspresste. Ein paar Tage und einige Faucher später wurden die Schnuckis endlich handzahm. Sie ließen mich sogar mit ihnen zusammen in ihrer Hängematte abhängen. Wenn ich allerdings zu frech wurde, sie z.B. an diversen Stellen beschnuppern wollte, fingen sie erneut an zu keifen oder wischten mir eine.

Der Rest des Urlaubs verlief dann relativ ruhig, aber dicke Freunde werden wir Drei wahrscheinlich nie, außer die Weiber würden endlich kapieren, dass ich der Chef im Ring bin.

Vielleicht beim nächsten Besuch!

Wasser und Schnee –
wie unnötig ist das denn???

Katzen sind, wie jeder weiß, sehr, sehr neugierig und wollen alles ausprobieren, auch Wasser ist davon nicht ausgeschlossen. Es ist ein sehr geheimnisvolles Element, da es sich dauernd bewegt, man sich drin spiegeln kann und es immer Töne von sich gibt. Dass kleine Tiger dieses aber nicht mögen, wusste ich bis dato noch nicht; also musste ich es ausprobieren um mich eines Besseren belehren zu lassen.

Eines Tages ließ eines der Kinder die Badewanne einlaufen, voll mit frischem, klarem Wasser, dazu kam noch eine andere Flüssigkeit, genannt Schaumbad. Dieser Zusatz machte das Wasser besonders lustig, nämlich schaumig, Berge von Schaum. Dieser war ganz weich und bitzelig; ein tolles `Spielzeug´, so dachte ich. Aber falsch gedacht, denn dieser Schaum machte den Badewannenrand auf dem ich gerade rumturnte, verdammt glitschig. Zu spääääät!!! Plumps, machte es und ich fand mich paddelnd im ach so gruseligen Berg von weißen Bläschen wieder. Gott sei Dank war einer der Familie in der Nähe, der mich vor dem sicheren Tod des Ertrinkens rettete. Ein nasser Pudel war im Moment nichts gegen mich, ich sah aus wie ein in die Jahre gekommener Hippie, total fettige Gruselhaare und einen ausgemergelten Körper. Nachdem man mich wieder trocken gerubbelt und sich über mich fast totgelacht hatte, weil ich ein Bild des Grauens abgegeben hatte, musste ich erst mal ruhen.

Die nächste bittere Pille musste ich ein paar Monate später schlucken, als so weißes Zeug, fast wie der eklige Badeschaum vom Himmel fiel. Diese, ich nenne sie einfach Flocken, blieben überall liegen und wurden zu richtigen Bergen. Der Tag kam, an dem ich mal wieder auf den Balkon wollte. Kaum war die Tür offen, machte ich mich auf den Weg, aber Schei.....,dieses weiße Zeug blieb erbarmungslos an meinen ach so zarten Pfötchen kleben. Nachdem ich zum wiederholten Male versuchte dieses verdammte, zu Schnee gewordene Wasser abzuschütteln, musste ich zu meiner Schande zugeben, dass ich schon wieder auf etwas reingefallen bin, dass mir so gar nicht gefiel.

Asche auf mein Haupt!!!

Tierarztbesuch –
das Grauen hat einen
Namen!!!

Eines Tages war es dann soweit, ich wurde in den Katzenkorb verstaut und musste zu meinem Leidwesen wieder Auto fahren, obwohl ich doch gesagt hatte, dass mich niemand mehr in dieses motorisierte Vehikel bekommen würde. Bis hierhin wusste ich Gott sei Dank noch nicht, dass es noch etwas Schlimmeres als ein Vierrad geben könnte. Doch ich sollte eines Besseren belehrt werden!

Als wir ausstiegen, war da nur ein ganz normales Haus, doch innen entpuppte es sich als „Kammer des Schreckens". Eine Tiiier – aaarzt - praaaaxis, und das miiiir, der ich vor Gesundheit doch nur so strotzte!

Das Wartezimmer war voll mit Tieren samt ihren Herrchen und Frauchen, deren Gesichter besorgter aussahen, als die von den eigentlichen Patienten. Zeitungslängen später waren wir endlich dran; hätte ich jetzt noch eine Möglichkeit gesehen abzuhauen, eine

Tornadostaubwolke wäre nichts gewesen, gegen das was ich hinterlassen hätte. Aber es gab kein Entrinnen mehr, denn der Arzt näherte sich mir schon! „So, der Kleine soll also geimpft werden", hörte ich ihn verschwommen sagen, denn ich war nicht mehr Herr meiner Sinne, vor lauter Angst, was nun folgen würde. Der Mann im weißen Kittel versuchte mich zu beruhigen, und das mit einer überdimensionalen Spritze in der Hand. Was für eine Ironie!!!

„Dass der es sich leisten kann, so mit seinen Kunden umzugehen, da wird er schneller pleite sein, als ihm lieb ist!" dachte ich, nachdem der Doktor mir die Spritze in mein ach so schniekes Hinterteil gejagt hatte.

Doch es sollte alles noch viel, viel schlimmer kommen!

Ein Jahr später, ich war zu einem stattlichen Kater herangereift, wurde ich wieder in den ach so gehassten Katzenkorb verfrachtet und zum Tierarzt kutschiert.

Kastrieren, kastrieren, ich höre immer nur kastrieren, ich glaube, die haben alle ein Rad ab. Seid Ihr Euch eigentlich darüber im Klaren, was Ihr mir damit antut? Das ist total unmenschlich, ich kann dann keinen

Nachwuchs mehr zeugen, geschweige denn noch pop..........chrchrchrchrchr.

Gott sei Dank, ich war endlich eingeschlafen, ich dachte schon, das passiert alles ohne Narkose.

Aus dieser aufgewacht, war ich eine Zeit lang noch ganz schön benebelt, aber meine Familie ließ mich in meinem Zustand in Ruhe und verwöhnte mich zudem auch noch außerordentlich. Netter Versuch! Aber - diesen Horror verzeihe ich euch trotzdem nie!

Dachte ich! Aber......

Verzeihen ist ein Zeichen von menschlicher (katerlicher) Größe!!!

Kinder kann ich aber trotzdem keine mehr zeugen. Vielleicht auch besser so, wenn man bedenkt, dass einen Alimente in den Ruin treiben können!

Herrchen, Frauchen und ihre drei „halslosen" Monster!!!

Jetzt habe ich Euch schon so viel über mich erzählt, aber nun ist meine Familie an der Reihe. Lasst sie mich Euch kurz vorstellen. Da gibt es ein Herrchen, ein Frauchen und drei Kinder, die ich am liebsten als kleine, halslose Monster bezeichne, aber sooooo schlimm sind die gar nicht.

Mein Herrchen ist der Schärfste, eigentlich hat er ja immer behauptet, er hasse Katzen und es käme ihm auch nie einer von unserer Gattung ins Haus, und schon gar nicht ins Bett. Hahaha! Nun ist es aber so, dass ich ihn mit meinem unwiderstehlichen Charme genau vom Gegenteil überzeugen konnte. Er würde mich heute nicht mehr für Geld und gute Worte hergeben. Gott sei Dank!

Das Frauchen ist da ganz anders. Der totale Katzenfreak hatte schon immer welche und wollte auch gerne wieder so einen Schmuselöwen. Nachdem sie und die Kinder mein Herrchen so lange belatschert hatten, dass er nicht mehr nein sagen konnte, willigte er endlich ein, einen Tiger zu holen.

Den Kindern konnte man keinen größeren Gefallen tun, als mich, den absolut besten, schönsten und schnuckeligsten Kater in ihrer Mitte aufzunehmen, denn außer mir hatten die Drei bis zu jenem Tag noch kein richtiges Haustier, außer so einen fipsigen Hamster, den man gar nicht ernst nehmen konnte, weil er dafür viel zu klein war. Der hätte mir eh´ nie das Wasser reichen können!

Der Kleinste von den Kids ist der Schärfste, mit dem kann ich super spielen. Er geht auf alle Vier und krabbelt hinter mir her und ich falle ihn dann an, wie einen Widersacher. Wenn ich ihn am Kopf packe und in den Selbigen, ins Ohr oder in den Nacken zwicke, juchzt er wie ein junger Tiger. Der Moritz, so heißt der Kleine, ist auch der Einzige, der mich ungestraft über die Schulter werfen und rumschleppen darf. Die beiden anderen Kinder, namens Shari und Max, sind im Umgang mit mir eher zurückhaltend. Die schmusen mehr mit mir und streicheln mir meine Wanne, oder schlafen einfach auf mir. Auch ganz nett!!! Lieben tu´ ich sie alle, ob groß oder klein.

Und hier noch ein paar meiner Lebensweisheiten mit denen ich immer gut gefahren bin:

1. Mein Herrchen, mein Frauchen, meine Kinder!!!
2. Auf die 5 lasse ich überhaupt nichts kommen!!!
3. My home is my castle!!!
4. Fressen und schlafen was das Zeug hält!!!
5. Jedem das Seine und mir das Meiste!!!

Und zu guter Letzt:

6. Lass keine anderen Götter haben neben mir!!!

Umziehen –
warum tut man mir
so etwas an???

Nun hatte ich mich endlich so richtig eingelebt, da hieß es auf einmal: „Wir ziehen um!" Umziehen, was ist das denn???
Die Bedeutung dieses Wortes merkte ich erst so richtig deutlich in den folgenden Wochen. Kaum war nämlich dieser Satz ausgesprochen, fingen alle an komplett auszuticken. Es wurde rumgeräumt und eingepackt, ausgemistet und weggeworfen, ich sag Euch eines, das reinste Chaos.
Das Schlimmste, was mir jetzt noch hätte passieren können, dass man mich aus Versehen in irgendeine Umzugskiste gepackt hätte.
Aber es kam mal wieder anders, als ich dachte. Ich durfte wieder einmal zu meiner Freundin Carmen, die mit den zwei heißen Miezen. Gerade dort angekommen, fingen die beiden schon gleich wieder an zu fauchen, aber diesmal hatte ich mir geschworen, den beiden mal zu zeigen, wer

hier der Obermacker war und wo es lang ging.

Wäre doch gelacht, wenn ich als gestandener Kater, der ich mittlerweile geworden war, mit den Tussis nicht auf Anhieb klar kommen würde. Gesagt - getan! Schlussendlich hatten wir dann einen Pakt geschlossen, ich tue ihnen und sie tun mir nichts. Damit konnten wir alle leben, denn knutschen und heiraten wollten wir ja eh´ nie.

Wie zu vermuten war, kam der Tag des Abschieds. Carmen brachte mich in mein neues Heim, das mir aber momentan gar nicht so geheuer war. Viel größer, mit drei Treppen und drei Etagen, das überstieg meine kühnsten Erwartungen. Eigentlich ein Paradies für einen so lebendigen, quirligen und platzliebenden Supermann wie mich. Ich ließ mir aber meine innere Euphorie noch nicht anmerken, sondern machte erst mal so, als ob ich hiermit gar nicht einverstanden und es total uncool fände.

Tage später kam ich dann von meinem hohen Ross herunter und ließ mir gnädiger Weise doch anmerken, dass es mir hier gefiel. Platz ohne Ende und ein ganzer Haufen supermäßiger Verstecke! Und das Beste, ein ganzer Balkon nur für mich, auf dem ein riesiges Vogelhaus steht (gebaut von dem Kleinsten für hungerleidende Vögel), das ich trotz des vielen Vogelfutters mein eigen nenne. Hier drin ist es herrlich gemütlich und die Morgensonne scheint mir direkt auf den fett gefressenen Ranzen; vielleicht komme ich ja auch noch mal in den Genuss, dass mir eine „gebratene Taube" ins Maul fliegt.

„Niiiiemals! " höre ich nur eine Bande von Vögeln rufen, die auf den gegenüberliegenden Dächern ihr Unwesen treiben. Aber die sollen mich noch erleben, wenn ich so richtig in meinem Element bin.

Ich kriege euch schon, wenn nicht jetzt, dann eben später!!!

Dachböden –
ein besonderes Mysterium!!!

Sich auf Dachböden rumzutreiben ist etwas obercooles, denn da oben ist Abwechslung pur geboten. Viele Kisten, Truhen, Schränke und lauter Krimskrams mit dem man wunderbar spielen und sich toll verstecken kann.

Zudem befindet sich bei uns auch noch die Werkstatt der Männer unterm Dach. Da liegen immer viele kleine Dinge (Schrauben, Nägel und Werkzeug) rum, die man dann super verschleppen oder durcheinander schießen kann. Das bringt die Männer schön auf die Palme und sie beschuldigen sich immer gegenseitig, die Sachen verschlampt zu haben. Ich amüsiere mich darüber königlich, wie es dem „King" natürlich auch gebührt.

Eines Tages jedoch war ich etwas zu forsch. Da stand so ein rundes Ding mit ganz vielen Zacken auf der Werkbank, ich hatte es auch schon mal in Betrieb gesehen, da drehte es sich ganz schnell. Das sah sehr lustig aus! Also beschloss ich, mal mit der Pfote dranzutatschen. Autsch.......die Zacken waren ja ganz schön zackig und scharf wie Messer. Oje....Bluuuut.....ich verblute und keiner war da, um mir zu helfen. War auch nicht nötig....ehrlich gesagt.....nur ein kleiner Kratzer mit einem Tröpfchen Blut......ich neige eben gelegentlich zu winzigen Übertreibungen. Hihihihihi.

Nach dieser ach so schmerzlichen Erfahrung probierte ich einen neuen Quatsch aus, nämlich auf den Dachbalken zu balancieren. Dazu suchte ich mir nicht die Niedrigsten aus, die waren nur was für Weicheier; nein, für mich mussten es die Höchsten sein, denn Ihr wisst ja

„Nur die Harten kommen in den Garten. "

Diese Entscheidung stellte sich aber bald als Fehlentscheidung heraus, denn ich bin nicht schwindelfrei. Ich versuchte durch lautes Wehklagen die Aufmerksamkeit meiner Familie auf mich zu ziehen, aber keiner hörte mich, und wenn, dann hätten sie mir wahrscheinlich eh´ nicht geholfen, denn ich bin alleine raufgekommen, also musste ich auch wieder selbstständig runterklettern. No risk, no fun!!! So ist das eben!!!

Wie kommt man schnellstmöglich an was Essbares???

Man(n) kann warten, bis man(n) dran ist und automatisch etwas bekommt, oder es so machen wie ich. Zwar nicht der eleganteste und humanste Weg, aber immerhin der effektivste, hahahaha.

Angefangen hat es damit, dass Herrchen morgens immer im Bademantel rumläuft und das bedeutet, er hat freiliegende Waden – ein gefundenes Fressen für ein Schleckermaul wie mich – zwar nicht als Sättigung für meinen vor Hunger in den Kniekehlen hängenden Magen, aber zum reinzwicken, um auf mich aufmerksam zu machen. Und Ihr werdet es nicht glauben, mein Herrchen lernte schneller, als ich es je vermutet hätte, wahrscheinlich wollte er aber nur den Schmerzen entgehen. Für mich war es eigentlich nur wichtig, dass ich flugs was hinter die Kiemen bekam.

Diese morgendliche Zeremonie baute ich mit den Jahren immer weiter aus. Jetzt sind wir mittlerweile soweit, dass ich morgens zwar mit Frauchen aufstehe, diese aber in Ruhe lasse, da die mir eh´ nichts gibt (ich habe es am Anfang einmal probiert mit meiner Wadenzwickmasche, aber Frauchen ist dagegen immun, die wischt mir höchstens noch eine, also lass ich es lieber). Ich bin ja nicht blöd, ich warte bis Herrchens Wecker klingelt. Beim ersten Bimmeln bleib ich noch friedlich, aber wenn sich beim zweiten Klingeln nicht gleich was bewegt, dann hüpfe ich aufs Bett, schnurre was das Zeug hält und kitzle ihn mit meinen Barthaaren so lange im Gesicht, bis er freiwillig aufsteht. Dann kommt das morgendliche Wettrennen, wer ist zuerst die Treppe unten – ich natürlich, ich hab ja schließlich 2 Beine mehr.

Gott sei Dank – endlich Fressen!

Mittags ist es fast genauso, nur dass ich da Herrchen nicht mehr wecken muss, sondern ich warte Punkt zwölf vor der Tür bis ich das Klimpern seines Schlüsselbundes höre. Wenn dann die Tür aufgeht, dann lacht mein Herz, denn die Rettung ist in Sicht – ich muss doch nicht verhungern. Das einzige Problem ist das Wochenende, denn da stehen alle erst viel später auf. Dafür habe ich aber inzwischen auch eine Lösung, ich hänge mich einfach an den ersten, der wach ist (meistens ist das der Kleinste der Familie). Das ist eh´ der Beste, weil er am niedrigsten ist und ich ihn beim Anspringen richtig in den Arm nehmen kann.

Auf jeden Fall klappt es bei dem auch und den Rest der Familie kann man in dieser Hinsicht sowieso in der Pfeife rauchen. Sollte ich aber wider Erwarten mit dieser Masche mal keinen Erfolg mehr haben, dann lasse ich mir halt was Neues einfallen, und Ihr könnt mir glauben, es wird mir gelingen, einen noch raffinierteren Trick zu erfinden.

Ich bin nämlich ein Genie – Albert Einstein war nichts gegen mich!!!

Laura –
was will denn diese
eingebildete Ziege hier???

Eines Tages, ich dachte, ich seh´ nicht recht, bringt meine Freundin Carmen ihre Katze Laura (der Inbegriff einer Zicke) zu uns, nur vorübergehend hieß es anfangs, daraus wurden dann 5 Wochen. Wie Ihr ja schon mitbekommen habt, ist das eine meiner speziellen Freundinnen, diese Fauchmieze, aber das werde ich der austreiben, das schwöre ich. Hier bin nämlich ich der Chef! Die muss nicht denken, dass ich in meinem Haus klein bei gebe.

Die ersten Tage verliefen genau so, wie ich mir das gedacht hatte. Sie fauchte, wenn sie mich nur von der Weite sah und machte einen riesigen Bogen um mich herum, nicht weil ich zu fett bin, sondern weil sie mich von Grund auf hasst. Ihre Lieblingsplätze waren jene, wo man sie nicht sehen und erreichen konnte.

In der zweiten Woche wurde sie dann zutraulicher, sprang auch schon mal auf Herrchens Schoss und schlief dort, oder platzierte sich auf der Eckbank, aber immer auf der Seite, auf der ich nicht lag. Wenn ich sie dann beschnuppern wollte, machte sie gleich wieder blöd und flitzte davon. Weiber – so was zickiges! Wir könnten so viel Spaß haben, aber das checkt die einfach nicht.

Doch eines Tages machte sie einen riesigen Fehler, sie machte sich im Bett von Herrchen und Frauchen breit, und das ist was, das gar nicht geht. Das ist hart erarbeitetes Revier, und zwar von mir. Nachdem Laura das Feld nicht freiwillig räumen wollte, musste ich auf härtere Bandagen zurückgreifen. Nicht lange gefackelt, sprang ich hoch, fauchte sie an und jagte sie quer übers Bett, so dass meine Leute ihre Köpfe unter der Decke in Sicherheit bringen mussten, damit diese nicht in Mitleidenschaft gezogen wurden. Somit war endlich klar, wer hier wirklich der Chef im Ring war.

Die restlichen Wochen verliefen relativ friedlich und ich muss zu meiner Schande gestehen, dass ich sie sogar ein bisschen vermisst habe, nachdem sie wieder weg war.

Ich bin halt auch nur ein Kerl!!! Zwar ein wenig eingebildet, aber dennoch ganz schön lieb!!! Oder?

Schlafen –
mein liebstes Hobby!!!
Aber wo???

Schlafplätze muss man sich hart erkämpfen, nicht verdienen, wie manche vielleicht denken. Es sind lange Kämpfe, aber es lohnt sich auf jeden Fall. Meine Erfahrungen werden es Euch zeigen, dass sich Penetranz am Ende immer auszahlt. Und penetrant kann ich sein, das dürft Ihr mir glauben, das habe ich beim Futter fassen schon bewiesen. Also hier ein paar Tipps von einem der's voll drauf hat :

- Gewünschten Schlafplatz aussuchen und nicht mehr aus den Augen lassen.
- Abchecken ob ein Feind, in meinem Fall, einer von der Familie in der Nähe ist.
- Hochspringen, sofort einrollen und so tun, als würde man schlafen. In diesem Fall trauen sich die anderen nicht, einen zu wecken oder zu verjagen.

Diese Vorschläge gelten aber nur für Plätze, die nichts mit dem Bett eines Familienmitgliedes zu tun haben.

In diesem Fall gelten andere Regeln:
- Bett von irgendeinem Deiner Familienmitglieder aussuchen, raufspringen, weich kneten und von nix und niemandem verjagen lassen.
- Sollte dennoch einer meinen, dich runterzuschubsen, dann wende mein Geheimmittel (Penetranz) an, d.h., so lange wieder hochspringen bis es Deinem Gegenüber zu blöd wird.
- Wenn Du es dann endlich geschafft hast, mach Dich so schwer wie Du kannst. Schwere Jungs werden nämlich nicht so leicht hin und her „geworfen" und somit auch nicht andauernd aus dem Schlaf gerissen.

Wenn man diese Regeln befolgt, steht einem ruhigen Schlaf nichts mehr im Weg! Schnarch!!!

Nennt mich einfach Gott, denn ich bin geniaaaaal!!!

Bettgeflüster –
nicht das was Ihr denkt!!!

Eines Tages begaben sich Frauchen, Shari und Max in den Urlaub zu den Großeltern. In dieser Zeit waren wir dann ein reiner Männerhaushalt, nur Herrchen, Moritz und *„ICH"*. Wir wollten lauter Sachen machen, die echte Männer ausmachen; Grillen, Saufen (auch wenns nur Wasser war), Rauchen (natürlich nur Herrchen), im Stehen pinkeln,.......Staub wischen und Saugen, Geschirr abwaschen, Wäsche waschen, bügeln und natürlich alle in einem Bett schlafen, damit wir uns nachts nicht fürchten. Seeeehr männlich!!! Hihihihi!!!

Aber der Anruf eines Freundes unseres Lütten (Moritz) machte uns einen Strich durch die Rechnung. Es kam alles anders, als erträumt. Dieser Freund wollte bei uns übernachten. Moritz war ganz aus dem Häuschen, denn die Beiden hatten dieses Übernachtungsarrangement schon lange im Sinn. Gesagt – getan.

Der Freund kam am späten Nachmittag um noch mit Moritz zusammen zu spielen. Am Abend wollten die Beiden dann ihr

Nachtlager richten, dazu holten sie aus Frauchens Bettkasten die Schlafsäcke heraus. Der offene Bettkasten war in diesem Moment wie ein Magnet für mich und ich sprang neugierig rein, um mich dort mal ausgiebig darüber zu informieren, was da so alles gehortet wurde. Zack! Peng! Der Kasten fiel zu und es war auf einmal Nacht! Mist! Die Jungs waren weg und ich auch. Sollte dies mein Ende sein? Ich versuchte es mal mit einem kläglichen „Määh", aber scheinbar waren die Wände schalldicht, wie in einem Tonstudio. Ich versuchte es noch ein paar Mal, auch nachts während Herrchen im Bett lag, aber der schlief wie ein Stein und hörte sowieso nichts. Gemütlich war es hier ja schon, denn es gab hier noch viele Kissen und Betten, aber es gab kein Klo und noch viel dramatischer war, es gab nichts zu fressen und das mir, dem Innbegriff eines Vielfraßes. Ich dachte, ich müsste hier elendig verhungern.

Mittlerweile wusste ich noch nicht mal mehr, ob es Tag oder Nacht war und ein Ende war nicht in Sicht, denn scheinbar wurde ich überhaupt nicht vermisst. Nach, wie ich später mitgekriegt habe, zwei Tagen und einer Nacht, wurde ich endlich von Max, der mit Frauchen nach Hause gekommen war, befreit. Die einzigen, die mitdachten, denn nachdem sie gehört hatten, dass ich schon zwei Tage verschwunden war und Moritz die Schlafsäcke aus dem Bettkasten geholt hatte, kombinierten sie, wie Sherlock Holmes.

Gott bzw. Max sei Dank, ich war endlich frei! So jetzt erst mal was hinter die Kiemen, und zwar flott! Die nächste Tat könnt Ihr Euch bestimmt vorstellen, denn ich habe keinerlei Spuren (Seen oder Knödel) in den Tagen hinterlassen, nicht mal ein Bächlein. Passiert mir das noch einmal, dann kommen meine Leute nicht so billig bzw. trocken davon, das verspreche ich Euch.

Von wegen:
Im Dunkeln ist gut munkeln!!!

An dem Spruch ist nichts dran, rein gar nichts!!!

Sofia –
die Liebe meines Lebens!!!

Kurz nach unserem Umzug ins neue Heim lernte ich Sofia kennen. Sie ist einfach genial, liebt alle Tiere und natürlich besonders mich. Mich, den größten, schönsten und allersüßesten Kater auf dem ganzen Planeten.

Wenn meine Familie heutzutage in Urlaub geht, dann gehe ich nicht mehr zu Carmen und ihrer verwöhnten Katzenzicke, sondern dann lassen sie mich einfach alleine. Natürlich nicht ganz alleine, sie engagieren eine „Katzen-Nanny" für mich; und das ist Sofia, meine große Liebe.

Sie kommt mehrmals täglich um mich zu füttern, mir das Fenster zum Balkon aufzumachen und nicht nur das, denn Sie verwöhnt mich auch haufenweise mit Streicheleinheiten.

Ich bin auch gar nicht wenig dumm, denn ich mach immer auf armen verlassenen Kater, der total einsam und schon kurz vor der Magersucht steht. Das zieht bei ihr immer! Ehrlich gesagt bin ich ja eigentlich froh, dass meine Süßen mal weg sind und ich auch mal zur Ruhe komme. Es ist ein Hochgenuss nicht dauernd von den kleinen Monstern genervt und rumgeschleppt zu werden, denn bei Sofia ist alles anders. Sie ist die Ruhe selbst!

Der einzige Nachteil, den die Abwesenheit meiner Familie hat, ist mein Gewicht; denn die tägliche Rundumversorgung durch meine Freundin und die ewige Ruhe haben ihren Preis, nämlich Figurprobleme – und keine kleinen, wie Ihr Euch denken könnt. Meine Leute sind kaum vom Urlaub zurück und haben festgestellt, dass ich gnadenlos zugelegt habe, schon geht es los mit Diät. Da hilft kein Mauzen, kein im Kreis drehen und schon gar kein Zwicken in die Wade meines Herrchens. Es gibt nur noch die Hälfte in den Futternapf, bis ich wieder meine Traumfigur erreicht habe. Und das mir, miiiiir, der ich nichts schöner finde als zu fressen und zu pennen. Es ist zum verzweifeln! Ich würde vor lauter Wut am liebsten die Tapete von der Wand kratzen, aber das hätte ja zur Folge, dass ich eventuell Hausverbot und gar nichts mehr zu fressen kriege.

Dieses Risiko kann und will ich nicht eingehen!!! Und trotz dieser Torturen ist Sofia doch immcr noch meine Beste, nein –

Meine Allerbeste!!!

Wenn meine große Liebe im Hof rumwuselt, dann versuche ich immer auszubüchsen, um wieder mal Ihre Stimme zu hören oder ihre zarten Hände auf meinem Körper zu fühlen. Leider gelingt mir dies nicht immer, weil meine Erzieher das natürlich auch schon gecheckt haben. In diesem Fall wird die Tür schneller vor meiner Nase zugeschmissen, als mir lieb ist. Den einzigen Trost, den ich jetzt noch habe, ich bin in Gedanken bei ihr und sie bei mir, das ist sicher.

Ein neues Familienmitglied
– namens Trixi –
was soll denn der Mist???

Nach vielen Jahren der Katzenhierarchie, sollte es eines Tages eine Änderung in der Rangfolge geben.

Stellt Euch vor, ein Kaninchen sollte mich vom Katzenthron stoßen, ein Babyhase, der noch nicht mal in meiner Liga spielt, geschweige denn meine Gewichtsklasse ist. Aber die kleine Obertussi (gerade mal 1,5 Kilo schwer) hat die Rechnung ohne mich gemacht. Auch wenn sie Trixi heißt, einen Findus stürzt man nicht so schnell und `trixt´ ihn auch niemals ungestraft aus.

Wie schon gesagt, kam an einem schönen Wintertag diese Schnecke ins Haus. Im ersten Moment wusste ich gar nicht wie ich reagieren sollte, denn süß anzuschauen war sie ja, mit ihrem braunen Fell, der langen Löwenmähne und den Schlappohren. Der lustigste Hingucker war jedoch der weiße Stummelschwanz und die abstehenden Haare drumherum. Die Tussi hat sogar einen eigenen Käfig, damit ich ihr nichts antun kann – iiiich, der Umgänglichste auf der ganzen weiten Welt. Man sollte eher mich schützen vor diesem aufdringlichen Fellbatzen. Denn kaum bin ich bei meiner Lieblingsbeschäftigung – dem Schlafen – dann hüpft Tusnelda auf und über mich und meint, sie muss mir aufdringlicherweise mit ihrer Löwenmähne an der Nase kitzeln, oder will die etwa mit mir knutschen! Bäääh – der Gedanke daran bewirkt bei mir schon einen gewissen Brechreiz, uuääähhh – mich schüttelt`s grad. Aber ich lass mir nicht alles gefallen, ich knall ihr dann einfach ein paar oder hau ab, damit ich wenigstens ein bisschen Ruhe habe.

Bis heute bin ich noch nicht sicher, ob wir mal ein absolutes Traumpaar werden und vielleicht irgendwann zusammen im Hasenstall liegen und von unseren Herzbuben bzw. – damen träumen.

Im Sommer teilten wir uns dann den Balkon, das war ziemlich lustig, denn dort konnten wir super Fangi spielen. Tussi versuchte mich dabei immer auszutricksen, indem sie unter mir durchflutschte und ziemliche Haken schlug. Wenn ich davon genug hatte, sprang ich einfach auf die Brüstung und legte mich ins Vogelhaus zum relaxen.

Aber wie die wohl allen Menschen bekannten Sprichwörter schon besagen:

Was lange währt,
wird endlich gut!!!
oder
Was sich neckt,
das liebt sich!!!
oder
Man muss viele hässliche
Frösche (Hasen) küssen,
bevor man seinen Prinzen
(Kater) findet!!!

Streunen –
meine neue Leidenschaft!!!

Nach langen Jahren der Gefangenschaft habe ich etwas Neues für mich entdeckt, das Streunen. Die ganze Nacht unterwegs sein, mit süßen Kätzinnen mausen, leckere Mäuse fangen und auch fressen, auf Bäume klettern, mit anderen Katern raufen und rennen, was das Zeug hält.

Das Problem ist nur, dass ich nicht jede Nacht rauskomme, obwohl ich abends grundsätzlich ein Mords Gezeter mache. Darauf fällt aber keiner mehr rein, deshalb warte ich immer auf einen, der die Tür aufmacht und nicht aufpasst, dass ich schon hinter der Waschmaschine lauere, um unbemerkt zu entwischen.

Meistens klappt dieser Coup beim Freund von Shari (Tochter von Herrchen und Frauchen). Die Beiden sind beim Abschied so beschäftigt mit rumknutschen und sich anhimmeln, dass die überhaupt nichts mitkriegen. Schwupps – ich bin draußen. Die versuchen mich dann immer einzufangen, aber das ist vergebene Liebesmüh, denn ich bin viel schneller und wendiger – und übrigens ist eine Katze zugegebenermaßen um einiges schlauer, raffinierter und hinterlistiger um einen Menschen auszutricksen. Bin ich einmal draußen, komme ich freiwillig nicht mehr rein, erst am nächsten Morgen gibt sich `THE KING´ die Ehre, denn dann knurrt nämlich mein Magen tierisch; Mäuse machen einfach nicht richtig satt.

Ich warte morgens schnurrend und miauend auf mein Frauchen, die vom Zeitungen austragen kommt. Manchmal hab ich Glück und sie lässt mich rein und gibt mir Futter, aber wenn sie sauer mit mir ist, dann pfeift sie mir was. Das heißt, `THE KING´ bleibt hungrig. Sonntags ist´s oberdoof, da hängt mir der Magen in den Kniekehlen, denn vor 10 Uhr steht keiner auf. Ich hab schon überlegt, ob ich samstags nicht lieber zu Hause bleiben soll um diesem Martyrium zu entgehen. Blöd nur, dass ich keinen Kalender lesen kann.

Dumm gelaufen!!! Leider für mich!!!

Von den „Toten" auferstanden!!!

Ich bin ja wirklich nicht wehleidig und geschweige denn ein Weichei, aber eines Tages wurde ich doch bedrohlich krank. Meine Familie hatte schon Angst, sie müsste sich bald von mir verabschieden.

Angefangen hatte es mit Erbrechen, Appetitlosigkeit und dadurch wurde ich auch immer schwächer und schwächer. Nach drei Tagen konnte und wollte ich mich fast nicht mehr auf den Beinen halten. Nachdem ich nur noch ein Schatten meiner selbst war (4Kilo Restgewicht) und mein sonst so seidiges Fell total matt und struppig war, entschied sich mein Frauchen zu einem T i e r a r z t b e s u c h. Mein größter Horror – wie Ihr schon vor ein paar Kapiteln lesen konntet. Aber dieses Mal war es wirklich nur zu meinem Besten.

Nach einer aufregenden Autofahrt in einem selbstkreierten Katzenkorb und einem See auf dem Sitz kamen wir endlich heil an. Die Anmeldung erfolgte relativ schnell, aber die Wartezeit verlief etwas schleppend. Die einzige Abwechslung war eine andere Katze, die ich trotz Schwäche frech anfauchte. Schließlich war ich doch ein Kerl wie ein Baum, im Moment aber eher ein Kerl wie ein mickriger Ast. „Ich, der Obermacker, werde den Teufel tun und mir anmerken lassen, wie schlecht es mir geht". dachte ich.

Zirka 20 Minuten später rutschte mir dann das Herz sonst wohin, ich war jetzt dran.

Im Sprechzimmer erzählte Frauchen von meinen Qualen und ich wurde untersucht. Verdacht auf Würmer und ein eventueller Virus, von Fieber begleitet, war die ach so glorreiche Erkenntnis der Tierärztin. Gegen das Fieber, die Schwäche und alles andere bekam ich eine Spritze und irgendetwas Ekliges in's Maul geschmiert. Nachdem ich nun dachte, damit wäre es getan kam der zweite Schreck – ich sollte in ein paar Tagen zum großen Blutbild kommen um eventuelle schwerere Erkrankungen auszuschließen. Doch der Schrecken nicht genug, bekam Frauchen auch noch Wurmtabletten mit, die sie mir heimlich mit dem Fresschen verabreichen sollte, nachdem etwas Besserung in Sicht war.

Tage später, die Stunde der Blutabnahme nahte – ein Herzinfarkt wäre jetzt sehr hilfreich gewesen um der Nadel zu entgehen, aber es kam doch wieder anders als von mir erhofft. Kaum angekommen, wurde ich rasiert, am Bein, nicht wo Ihr denkt. Dort wurde mir literweise Blut abgezapft, na ja – mal ehrlich – es war ein einziges kleines Röhrchen – aber es war meiiiin Blut. Gott sei Dank waren die Ergebnisse gut, das hieß, ich würde weiterleben und noch mehr Blödsinn machen können. Die einzige Hürde, die ich noch zu nehmen hatte, war diese komische Wurmkur. Drei Tabletten, die mir Frauchen in drei aufeinander folgenden Tagen direkt in den Hals steckte und mir solange den Mund zuhielt bis ich sie runtergeschluckt hatte. Ich glaube, sie wusste schon vorher, dass ich sie sofort ausspucken würde, wenn sie mir eine davon im Essen untergejubelt hätte.

Daran merkt man, dass uns die Menschen doch geistig überlegen sind – oder – wir Katzen lassen sie wenigstens in dem Glauben.

Nach diesem ganzen Bimbamborium war ich endlich wieder voll hergestellt und konnte raus zu meinen Miezen mit meinem mittlerweile   zurückerfressenem Kampfgewicht von stattlichen 8 Kilo!

Mäuse, Motten und andere Leckerbissen!!!

Nach meinem gewöhnlichen Dosenfraß sind Motten ein besonderes Leckerli. Leider gibt es diese nur nachts. Dann aber auch nur, wenn Fenster oder Türen weit offen stehen und im Inneren des Hauses das Licht brennt. Ich habe das Gefühl, die Größe und der Geschmack eines fetten Falters richten sich nach der Konstellation des Mondes. Bei Vollmond sind diese netten Tierchen nämlich um einiges schmackhafter und viel besser verdaulich, als wenn nur eine schmale Sichel am Himmel steht.

Mein Frauchen ist eigentlich immer froh, dass ich die Motten fange, denn sie bekommt fast einen Herzkasper und schlägt wild um sich bei deren Anblick. Was sie aber nicht verknusen kann, ist, wenn ich die Dinger gaaaanz lustvoll und schmatzend mit einem sichtlich verklärten, leidenschaftlichen Blick hingebungsvoll vertilge. Hinterher lecke ich mir noch stundenlang das Schnäuzchen, damit auch die letzte Geschmackspapille was abbekommt. Mmmmh .... ein absoluter Hochgenuss.

Fliegen und Spinnen dagegen, die schnappe ich nur, beiße sie tot und lasse sie anschließend achtlos liegen. Dies nervt Frauchen erst richtig, weil sie die Leichen dann immer entsorgen muss.

Doch die Krönung sind die Mäuse, die ich meiner Familie ab und zu mal vor die Tür lege, und das nicht unbedingt in einem Stück. Wenn es kleine Mäuse sind, dann habe ich meist den Kopf schon gefressen, bei den Größeren kann ich mir das verkneifen, denn die sind nicht so zart. Totlachen könnte ich mich dann beim Beobachten meines Frauchens, die mit einem gewissen Ekel im Gesicht die erstarrten Kadaver verschwinden lässt.

„Großes Kino" kann ich da nur sagen!!!

Was sich alle denken können – aber nie erfahren dürfen!!!

Über meine nächtlichen Streifzüge solltet Ihr eigentlich nichts erfahren; aber ich kann Euch ja schließlich nicht dumm sterben lassen.

Es ist herrlich nachts unterwegs sein Unwesen zu treiben. Man kann heiße Miezen jagen, auf Bäume klettern, in fremden Kellern stöbern, durch offene Fenster springen und mal andere Betten ausprobieren. Das Größte für mich ist allerdings, den Müll anderer Leute auseinander zu nehmen. Fremde Tonnen sind ein Schmankerl für alle streunenden Katzen, die zu Hause nichts (fast nichts, nur 3 Mahlzeiten am Tag) zu fressen bekommen und schon halb verhungert sind.

Ein weiteres Highlight ist es, überall seine Häufchen und Seen zu hinterlassen, am allerliebsten aber in frisch angelegten Blumenbeeten oder in Sandkästen mit frischem, weißem und natürlich feinem Sand. Letzteres ist nicht unbedingt die feine, englische Art, aber die Leute könnten ihre Buddelkisten ja auch abdecken. Selbst schuld, wenn nicht!!!

Meine besondere Aufmerksamkeit gilt allerdings den Vierbeinern (Hunde) unseres Vermieters. Hierbei handelt es sich um zwei Weiber, eine Blonde und eine Brünette, die beide der Meinung sind, besonders gefährlich auszusehen wenn sie ein bisschen rumkläffen, knurren oder mit den Zähnen fletschen. Witzig ist daran nur, dass die beiden auf der falschen Seite der Tür stehen, nämlich im Inneren des Hauses und ich, der Superkater im Freien. Diesen Heimvorteil nütze ich natürlich schamlos aus, indem ich die Beiden durch meine anmutigen Bewegungen, Kratzen an der Tür und mein ach so bedauernswürdiges Mauzen, zur Weißglut bringe. Doch selbst wenn die Beiden im Freien rumtoben und ich auch gerade meine Runde drehe, habe ich vor denen keinen Respekt, denn der Gerissenere bin zweifelsohne „ICH".

Sollten sie meine Fährte aufgenommen haben, laufe ich was das Zeug hält in Richtung Heimat, die Treppe hoch vor die Tür, da trauen sie sich nicht hin, weil Frauchen dann sofort rumblöken und die beiden Tussis verscheuchen würde. Sobald ich mich dann in der Sicherheit meiner Familie wiegen kann, mach ich erst einmal den Oberlarry, indem ich meine Bürste aufstelle (dadurch werde ich so groß wie ein Tiger, na ja eher ein Tigerchen) und brülle wie ein Löwe (besser gesagt, wie ein Löwilein). Auf jeden Fall wirkt meine Megashow und die Beiden ziehen angsterfüllt den Schwanz ein und machen sich vom Acker, da wo sie auch hingehören, meiner Meinung nach.

I am the winner!!!

Findus,
der Meisterdieb!!!

Ich bin der König unter den Dieben, ich bin so gerissen, mich würde nicht mal Jaques Clouseau erwischen, aber der hat ja bis dato sowieso noch niemanden geschnappt. Ich sag nur eins „Doof wie Stulle". Die Kunst am Stehlen ist, den richtigen Zeitpunkt zu treffen, und darin bin ich ein Assssss. Vermeintlich beste Chancen für einen gelungenen Coup hat man, wenn Besuch im Haus ist, weil da alle schön abgelenkt sind und sich am wenigsten um mich kümmern. Ich kann Euch sagen, ich habe schon Dinger gedreht, die kurz vor dem Knast hätten enden können, wenn man mich gekriegt hätte. Hat man aber nicht, äätsch!!!
Hier ein paar meiner besten Raubzüge, nicht unbedingt jugendfrei:

- Der Raub eines Steaks direkt aus der heißen Pfanne, eine saublöde Idee, wie Ihr Euch wahrscheinlich denken könnt. Tagelang brannte mir die Schnauze!

- Milch oder Kakao aus den Bechern der Kinder stibitzen, bzw. Becher oder Milchtüten auf den Boden werfen, um dann mordsmäßigen Ärger mit Frauchen und dazu noch tierischen Durchfall zu bekommen. Auch blöd! Oder?
- An der Spüle abgestellte dreckige Teller und Töpfe ausschlecken, die mit Sachen voll waren, die mir gar nicht bekommen und die mir tagelanges Bauchweh bescheren.
- Den Kindern die Wurst aus dem Brötchen klauen, wenn die mal wieder damit beschäftigt sind in die Glotze zu schauen, anstatt auf mich und ihr Futter zu achten. Selber schuld!
- Kartoffeln und Nudeln habe ich auch schon direkt aus den Schüsseln gestohlen, aber natürlich niemals ohne Soße, die meistens viel zu scharf ist und Brechreiz bei mir verursacht. Ich werde einfach nicht schlauer!
- Aber das Ätzendste was ich veranstaltet habe, ist den Biomüll zu

plündern. Da kann man sich den Tod holen, denn Schimmel (nicht das Pferd) ist und bleibt kein Hochgenuss und ist nicht unbedingt sehr gesundheitsfördernd. Blöder Fehler!!!

- Bei Käsekuchen und Sahnetorten kann ich mich gar nicht mehr beherrschen, denn die sind ganz besonders schmackhaft und wenn sie nicht gerade mit sehr fetter Butter oder Sahne gebacken wurde, behalte ich sie auch in mir. Wenn nicht, dann nicht!!!

Fazit:
Eigentlich lohnen sich diese Machenschaften gar nicht, denn ich ziehe, wie Ihr lesen könnt, doch immer den Kürzeren. Aber mit dem Klauen ist es wie mit allem im Leben, je verbotener, desto interessanter.

Wie meine Zukunft aussieht,,,

weiß ich jetzt selbstverständlich noch nicht, denn über hellseherische Fähigkeiten verfüge ich zur Zeit nicht, das kommt aber vielleicht noch mit den Jahren. Wobei es nicht unbedingt so toll ist, zu wissen, wie man z.B. im Alter aussieht, was man macht, ob man überhaupt noch auf der Erde verweilt oder sich die Radieschen schon von unten betrachtet.

Ach egal, ich will es gar nicht wissen, denn ich lebe jetzt und heute; und ich lebe super, wie Ihr die letzten Seiten lesen konntet. Ich habe tolle Sklaven (damit meine ich meine Familie), leckeres Fresschen, mehrere eigene superbequeme Betten (eigentlich gehören die ja meinen Sklaven) und haufenweise Auslauf. Was will ich denn mehr? Nichts!

Sollten in meinem Leben dennoch weitere aufregende Dinge passieren, dann werde ich selbstverständlich eine Fortsetzung meiner Biographie schreiben.

Ich hoffe, es hat Euch ein wenig Spaß gemacht, mein Niedergeschriebenes zu lesen und möchte mich hiermit von Euch verabschieden.

Adios muchachos!!!

Ich liebe Euch alle!!!

….und zum Schluss noch ein paar coole Sprüche!!!

Katzen sind wie Luft, man bemerkt sie kaum, aber man braucht sie zum Leben.

Katzen hören auf's Wort; wenn nicht auf's Erste, dann vielleicht auf jedes Zweite.

Hunde wedeln mit dem Schwanz, wenn sie sich freuen, Katzen, wenn sie genervt sind.

Ein Hund springt zu dir aufs Bett, weil er gern in deiner Nähe ist. Eine Katze tut es nur, weil sie dein Bett liebt.

Katzen sind stur und haben einen tierischen Dickschädel, sind aber niemals falsch.

Katzen sind Individualisten und nur was für Individualisten; brauchst Du was zum rumkommandieren, dann leg Dir einen Hund zu.

Katzen machen nur das was sie wirklich wollen, nicht das was sie sollen.

Alsdann Tschüß,

bis bald,

Euer Findus,

der schärfste

Kater

der Welt!!!

Hahahahaha!!!